AF240208

CATALOGUE

D'UNE

BELLE COLLECTION

D'OBJETS

D'ART ET DE CURIOSITÉ

Magnifique Vase en Porcelaine de vieux Sèvres, grands et beaux Bas-Reliefs en terre cuite de Luca della Robbia, Emaux de Limoges, Faïence de Bernard Palissy et de Faenza, Verrerie de Venise, Bas-Reliefs en ancienne Porcelaine de Naples, Armes et Armures anciennes, Bronzes italiens, meubles anciens en bois sculpté, Tapisseries, Portraits du XVIe siècle, etc., etc.,

DONT LA VENTE AUX ENCHÈRES PUBLIQUES AURA LIEU

Hôtel des Ventes Mobilières,

Salle n° 2,

RUE DES JEUNEURS, N° 42,

A MIDI,

Les Lundi 20 et Mardi 21 Décembre 1852,

Par le ministère de Me **RIDEL**, Commissaire-Priseur,
335, rue Saint-Honoré.

Assisté de M. **MANNHEIM**, Expert, Marchand de Curiosités,
10, rue de la Paix,

Chez lesquels se distribue le présent Catalogue.

EXPOSITION PUBLIQUE

LE DIMANCHE 19 DÉCEMBRE 1852, DE MIDI A 4 HEURES.

PARIS

MAULDE ET RENOU,

IMPRIMEURS DE LA COMPAGNIE DES COMMISSAIRES-PRISEURS,

Rue de Rivoli prolongée, au coin de celle de l'Arbre-Sec.

1852

7105

CATALOGUE

D'UNE

BELLE COLLECTION

D'OBJETS

D'ART ET DE CURIOSITÉ

Magnifique Vase en Porcelaine de vieux Sèvres, grands et beaux Bas-Reliefs en terre cuite de Luca della Robbia, Emaux de Limoges, Faïence de Bernard Palissy et de Faenza, Verrerie de Venise, Bas-Reliefs en ancienne Porcelaine de Naples, Armes et Armures anciennes, Bronzes italiens, meubles anciens en bois sculpté, Tapisseries, Portraits du XVIᵉ siècle, etc., etc.,

DONT LA VENTE AUX ENCHÈRES PUBLIQUES AURA LIEU

Hôtel des Ventes Mobilières,

Salle nᵒ 2,

RUE DES JEUNEURS, Nᵒ 42,

A MIDI,

Les Lundi 20 et Mardi 21 Décembre 1852,

Par le ministère de Mᵉ **RIDEL**, Commissaire-Priseur,
335, rue Saint-Honoré,

Assisté de M. **MANNHEIM**, Expert, Marchand de Curiosités,
10, rue de la Paix,

Chez lesquels se distribue le présent Catalogue.

EXPOSITION PUBLIQUE

LE DIMANCHE 19 DÉCEMBRE 1852, DE MIDI A 4 HEURES.

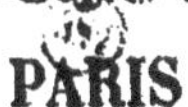

PARIS

MAULDE ET RENOU,

IMPRIMEURS DE LA COMPAGNIE DES COMMISSAIRES-PRISEURS,
Rue de Rivoli prolongée, au coin de celle de l'Arbre-Sec.

1852

CONDITIONS DE LA VENTE.

Elle sera faite au comptant.

Les acquéreurs paieront 5 centimes par franc en sus des adjudications.

CATALOGUE

D'OBJETS D'ART

ET DE CURIOSITÉ,

PORCELAINES D'ANCIEN SÈVRES, ÉMAUX, MEUBLES ANCIENS.

————◦❖◦————

DÉSIGNATION

1 — Un magnifique vase en ancienne porcelaine
de Sèvres tendre, forme ovoïde et à anses,
fond gros bleu, et médaillons d'après Ber-
ghem, et au revers un bouquet de fleurs.
Ce délicieux vase fut donné par Louis XVI
à une des familles les plus distinguées
d'Italie. Hauteur, sans moulure, 40 centimètres. Socle et gorge en bronze doré,
époque de la donation.

2 — Un cabaret vieux Sèvres pâte tendre, composé d'un plateau rond à contours et qua-

tre pièces, fond vert pistache à œil de perdrix, et médaillons camayeux rouge. Enfants, etc.

3 — Un autre cabaret composé d'un plateau ovale à anses, et de quatre pièces en porcelaine de Sèvres pâte tendre, fond gros bleu, à œil de perdrix, et médaillons, oiseaux.

4 — Une écritoire en écaille piquée et posée or, ornée de nacre de perle gravée, composée de plateau, godets et sonnette. Travail très fin, époque Louis XIV.

5 — Un drageoir en écaille blonde et posée d'or, forme carrée arrondie.

6 — Six belles assiettes en émail de Limoges, par Courtois, figurant six mois de l'année. Riches de composition, grisailles teintées et rehaussées d'or.

7 — Deux autres peintes en grisaille teintée, épisode des Travaux d'Hercule.

8 — Une coupe ronde, belle qualité, par Bernard Palissy. Modèle rare et pure d'exécution. Bacchanale d'enfants figurant l'Automne.

9 — Une autre à Syrènes et Dauphins. Travail délicieux dont le Cabinet de M. Sauvageot possède seul un exemplaire.

10 — Une coupe ronde, par Bernard de Palissy. Modèle dit à mascarons.

11 — Un joli petit plat ovale, fin d'exécution et d'un bel émail, à reptiles, serpents, lézards, etc., par Bernard Palissy.

—12 — Un grand plat ovale à poissons, par Bernard
Palissy, d'un bel émail et d'une bonne
conservation.

—13 — Un bas-relief, par Luca della Robbia, la
Sainte-Vierge ayant l'Enfant-Jesus dans
ses bras, et à chacun de ses côtés un saint
personnage, cadre de forme à pilastres,
ornés de fruits et fleurs en relief, soubas-
sement enrichi de figurines de saints en
ronde bosse. Cette belle pièce a près de
2 mètres de haut.

—14 — Un magnifique cadre, forme cintrée, de
plus de 2 mètres de haut, par Luca della
Robbia, daté 1511 ; les pilastres à riches
chapiteaux, et les montants et pleins-cin-
tres enrichis d'ornements délicieux dans
le goût du xvie siècle; la partie rentrante
du cadre est ornée de têtes de chérubins
sur fond bleu clair.

—15 — La Sainte-Vierge et l'Enfant-Jésus, grandeur nature, en ronde bosse, vu à mi-
corps. Travail grandiose de Luca della
Robia, émaillé blanc.

—16 — Deux figures de saintes femmes, grandeur
demi-nature, agenouillées, costumes et
ornements du xvie siècle, et présentant
des coffrets à bijoux, en soubassements
de candelabres. Sculpture vernie de couleur par Luca della Robbia.

—17 — Un joli buste de saint Jean, terre cuite, draperie vernie bleue par Luca della Robbia.

—18 — Un médaillon rond, buste en bas-relief de Bianca Capella, grandeur nature, belle coiffure du xvie siècle, cadre à fruits en relief verni de belles couleurs variées, par Luca della Robbia.

—19 — Le Christ debout et la Sainte-Vierge agenouillée devant lui, sur un fond de paysage orné d'arbres divers. Sculpture en ronde bosse grandeur nature, dans un cadre en forme de plein cintre verni de belles couleurs variées, par Luca della Robbia. Cette pièce capitale qui, par sa dimension, dépasse tout ce qui s'est présenté jusqu'à ce jour à Paris de ce maître, mérite sous tous les rapports l'attention de MM. les Directeurs de nos établissements publics.

—20 — Un grand bas-relief en terre cuite, par Verrocchio, la Sainte-Vierge et l'Enfant-Jésus, dans le style de Luca della Robbia.

21 — Un groupe en terre cuite, la Sainte-Vierge assise tenant l'Enfant-Jésus sur ses genoux.

22 — Un buste vu à mi-corps, en terre cuite, saint Jean, demi-nature, dans une pose de contemplation, par Verrocchio.

23 — Un groupe en terre cuite, la Bonne Mère,
figure de femme, belle pose et bien
drapée, portant un enfant dans ses bras
et ayant deux autres enfants auprès d'elle,
d'après Michel-Ange.

24 — Deux grands piédestaux carrés, ornés de
guirlandes de fleurs, soutenus par des
têtes de béliers aux quatre coins, et ser-
vant de supports à deux statues, la Pru-
dence et la Force, figures drapées et têtes
casquées richement couronnées de fleurs;
ces pièces, rehaussées de blanc, sont des-
tinées à être dorées.

25 — Un très grand meuble bahut carré, de
2 mètres 33 centimètres de large sur
75 centimètres de haut, en bois sculpté
et doré, à niches contenant des figurines
d'enfants entre deux pilastres, orné de
trois tableaux du Giotto, dont celui de
devant d'une grande richesse de composition, orné d'une quantité innombrable
de personnages, costume de l'époque, re-
présente la marche d'un saint père et le
sacre d'un souverain. Cette pièce capitale, d'une parfaite conservation, mérite de figurer dans un de nos Musées.

26 — Un grand bahut en bois sculpté, travail italien du XVI° siècle, forme tombeau, à
sujets en ronde bosse à blasons et offran-
des à des divinités païennes. Largeur,

près de 2 mètres ; hauteur, 85 centimètres.

27 — Un autre bahut en bois sculpté, forme tombeau, travail du xvi⁰ siècle, orné de bas-reliefs, bacchanales d'enfants. Largeur, 1 mètre 65 centimètres; hauteur, 65 centimètres.

28 — Un autre grand bahut en bois sculpté, forme tombeau, à sujets en bas-relief, tirés de la mythologie, à médaillons, à blasons et riche d'ornements, travail du xvi⁰ siècle. Largeur, 1 mètre 75 centimètres environ; hauteur, 70 centimètres.

29 — Deux très grandes coupes en faïence de Faënza, forme ronde, très profondes, et sur piédouches à anses serpents à enroulements, fond blanc, et riches d'ornements dans le goût et la manière de Raphaël Sanzio; dans le fond, des sujets tirés de l'histoire romaine. Diamètre, 55 centimètres; hauteur, 30 centimètres : pourront être divisés.

30 — Un grand vase en faïence de Faënza, forme ovoïde, à anses à cariatides de femmes se terminant en serpents enroulés et mascarons, têtes de Satyres, et sujets mythologiques peints. Hauteur, 53 centimètres.

31 — Deux autres vases en faïence de Faënza, forme ovoïde, à anses à chimères et serpents enroulés, et richement peints, à

blasons et sujets divers. Hauteur, 40 centimètres.

32 — Une grande coupe ovale, forme bateau, en faïence couleur brune marbrée, à gaudrons et mascarons d'enfants en relief. Largeur, 55 centimètres.

33 — Quatre très grandes coupes rondes sur piédouches pouvant servir de jardinières, en faïence italienne, fond blanc, et fleurs et ornements de couleurs variées. Diamètre, 47 centimètres; hauteur, 32 centimètres.

34 — Un grand vase forme cruche, en faïence de Faënza, à goulot à trèfle et anses serpents, fond blanc, et blasons de couleurs variées.

35 — Une autre, même forme, fond gris, ornements jaunes, et médaillons à cerfs de belles couleurs émaillées.

36 — Deux grandes bouteilles, faïence de Faenza, fond blanc et couleurs variées, ornements, etc.

37 — Deux vases à couvercles, forme ronde à basrelief, sujets mythologiques, ancienne faïence blanche.

38 — Une armure complète italienne à bandes gravées, sur la cuirasse, un chevalier agenouillé devant la croix et sur lissel; au-dessus de lui, une inscription et date 1555.

39 — Une autre armure complète à côté, aussi importante que la précédente. Ces deux

belles armures, parfaitement conservées,
ont appartenu à Joachim de Brande-
bourg, au temps de Maximilien, empe-
reur d'Allemagne.

40 — Une grande épée de chevalier à deux
mains.

41 — Une carabine à rouet en bois, richement
incrustée d'ornements et figures en ivoire
gravé.

42 — Une autre en bois sculpté en bas-relief, sujets de chasse, figurines, ornements, etc.,
d'une belle exécution et d'un beau dessin
du XVIᵉ siècle.

43 — Une petite miséricorde, poignée en cuivre
ciselé, à dauphin, et surmontée d'une tête
casquée, époque Louis XIII.

44 — Un poignard en fer, dont le fourreau, d'une
jolie forme, est repoussé à mascarons et
enroulement, XVIᵉ siècle.

45 — Un caparaçon complet de cheval en mailles
ornées de blason couronné, sur cuivre dé-
coupé à jour.

46 — Une écritoire, forme carrée, en fer gravé, à
ornements argentés et dorés, contenant
son briquet et bougeoir. Objet curieux
du temps de Louis XIV.

47 — Une belle carabine à rouet en bois, entière-
ment recouverte d'incrustation en ivoire
gravé.

48 — Un casque morion richement gravé et doré.

49 — Une grande croix bizantine en cuivre

émaillé, et ornée de saints personnages
et évangélistes en relief.

—50 — Un calice en cuivre doré à nœuf, et piédouche émaillé en partie, xive siècle.

51 — Un calice, même style, nœud, émail bi-
zantin.

52 — Un calice même époque, nœud niellé.

53 — Un calice même époque, nœud émail By-
zantin.

54 — Un calice piédouche à lobes repoussés et
nœud à médaillons gravés.

—55 — Un calice plus petit à lobes repoussés et
nœud à médaillon gravé.

—56 — Une coupe ovale en agate montée sur
pieds et à anses, serpents en bronze doré
au mat.

—57 — Une croix en cristal de roche, le centre orné
d'une figure de saint personnage en relief or émaillé et enrichi de rubis d'O-
rient, et les bouts or émaillé à ornements
noir et blanc.

—58 — Un délicieux petit bijou, or en relief et
émaillé, du xvie siècle, par Benvenuto
Cellini, représentant le Christ étendu sur
un linceul, des anges en prière auprès
de lui.

—59 — Un couvert, cuiller, fourchette et couteau,
manches en jaspe, monture Louis XIII,
en vermeil.

60 — Un autre petit couvert, manches en vermeil

ornés de nacre de perle et pierreries,
Louis XIII.

61 — Deux figures en ancien bronze italien,
Diane et Endymion couchés et dormant.

62 — Un groupe en bronze florentin, belle patine
et exécution, femmes lutteurs.

63 — Une belle coupe ovale en porphyre rouge
oriental, sur piédouche en bronze doré.

64 — Un groupe en marbre blanc sculpté en
ronde bosse. Deux Amours couchés attri-
bués à Fiamingo.

65 — Une statue en marbre blanc sculpté. Enfant
satyre jouant de la cornemuse, provenant
de la collection de M. le comte de Galli
de Plaisance.

66 — Un buste de femme, grandeur nature, la
tête enveloppée d'un voile en marbre
blanc sculpté.

67 — Une coupe ronde sur piédouche en verre
de Venise, à gaudrons dorés et bord à
écaille à émaux en relief rehaussés d'or.

68 — Une autre même grandeur, même force, à
écaille à émaux en relief.

69 — Une grande aiguière, forme ovoïde élancée,
en verre de Venise blanc, goulot à treffle
et à anse.

70 — Un gobelet élevé d'une forme baroque, en
verre de Venise, piédouche à nœud et
lobes émaillés.

71 — Une délicieuse coupe ronde à contours sur

piédouche à balustre, en verre de Venise
à filets blancs.

—72 — Une autre, même forme, à bandes et filigrane blanc.

—73 — Une coupe ronde sur piédouche, verre de
Venise, à filigrane blanc serré.

—74 — Une autre même forme, mêmes filets moins
serrés.

—75 — Une autre, même forme, à filets quadrilles
et gaufrés.

—76 — Une coupe ronde très basse à filets et rubans filigranés.

—77 — Une coupe ronde, forme tasse, à bandes qua-
drillées et rubans filigranés.

—78 — Une coupe ronde, verre de Venise blanc,
forme contournée et piédouche très élevé.

—79 — Une petite coupe de forme écrasée en guise
de batelet, sur piédouche élevé, orné de
serpents émaillés bleu.

80 — Une petite coupe à deux anses, corps à
gondrons et bord orné de filets jaunes
très fins en relief.

—81 — Un gobelet rond gravé en diamant, sur piédouche, orné de serpents émaillés bleu.

—82 — Un petit vase rond à côtes et goulot évasé,
à anses et filets émaillés bleu.

—83 — Un petit vase forme bouteille et son cou-
vercle, gravé sur la panse, et à anse serpents émaillés bleu en partie.

—84 — Une coupe ronde blanche et à anses à globe
bleu au centre et détaché.

85 — Deux délicieuses petites burettes à filigrane
blanc et anses serpents émaillés bleu en
partie.

86 — Un petit lion courant, monté sur piédouche
et émaillé en partie.

87 — Un petit cabinet en ébène, orné de huit
mosaïques de Florence, oiseaux, vases et
fontaines, en belle matière.

88 — Un coffret de mariage vénitien, orné de
bas - relief à figurines drapées en os
sculpté.

89 — Un autre plus petit, à sujets de chasse,
même provenance, même époque.

90 — Une grande paire de feux à vase, montés
sur pieds triangulaires en cuivre, travail
italien du XVIe siècle, à ornements, cariatides et mascarons.

91 — Une autre paire de feux en bronze doré,
travail italien très fin, Triton et Naïade.

92 — Une coupe ronde sur piédouche en cuivre
gravé, et inscriptions arabes argentées.
Travail oriental très fin.

93 — Deux plateaux ronds en cuivre, à inscriptions, et blasons émaillés sur argent au
centre. Seront divisés.

94 — Une coupe ronde à gaudron ou verre antique colorié, imitant la sardoine.

95 — Un petit vase à anses à goulot étroit, en
verre antique, gros bleu opalisé.

96 — Un groupe de divinités égyptiennes, en
émail bleu turquoise, qualité très rare.

97 — Une petite divinité égyptienne accroupie, à tête d'épervier, en lapis lazuli de Perse.

98 — Cinq grandes tapisseries anciennes, sujets de chasse, seront divisées.

99 — Une couverture ou nappe d'autel en ancienne tapisserie. Sujet saint, brodé en fin.

100 — Environ cinquante pièces en faience de Faënza, telles que coupes, plats, assiettes, etc., sujets divers, d'une bonne qualité, que le temps ne nous a point permis de cataloguer séparément qui seront vendus par lots.

101 — Environ quarante bas-relief, forme carrée, sur ancienne porcelaine, provenant de la fabrique royale de Naples, sujets mythologiques coloriés, seront vendus lpar lots.

102 — Six portraits en pied, peinture à l'huile du XVIᵉ siècle. Enfants de la famille royale de France, très richement costumés. Seront divisés.

103 — Sous ce numéro seront vendus les objets omis au présent catalogue.

Paris. — Maulde et Renou, Imprimeurs de la Compagnie des Commissaires-Priseurs, rue de Rivoli prolongée, au coin de la rue de l'Arbre-Sec.   7105

1 — 500 — [illegible]

2 — 1000 [illegible] ——————

3200
500
1000
4700

2702
80

3500
150

[illegible] [illegible]
[illegible]